M. ROSSI EN SUISSE

DE 1816 A 1833

PARIS. — IMPRIMERIE J. CLAYE ET Ce, RUE SAINT-BENOÎT, 7.

M. ROSSI EN SUISSE

DE 1816 A 1833

PAR

M. JOHN HUBER

ANCIEN DÉPUTÉ AU CONSEIL-REPRÉSENTATIF DU CANTON DE GENÈVE,
EX-LIEUTENANT-COLONEL FÉDÉRAL.

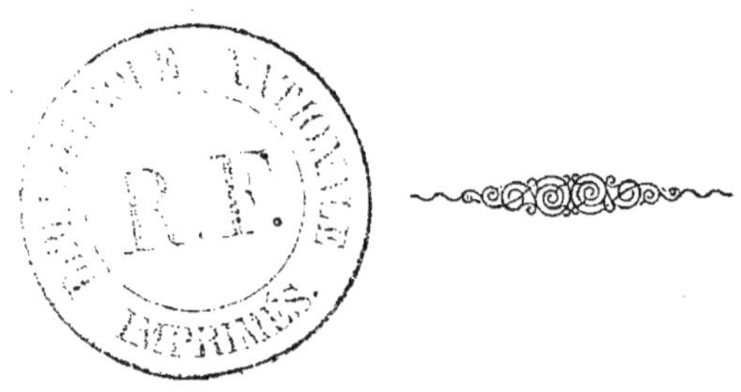

PARIS : AMYOT, RUE DE LA PAIX

1849

M. ROSSI EN SUISSE

DE 1816 A 1833

L'Italie, encore une fois déçue, retombe dans l'impuissance où s'engloutit chaque jour une de ses révolutions. Elle subit la peine d'avoir méconnu les hommes qui seuls avaient mesuré ses légitimes désirs, sur la réalité de ses forces. Parmi eux, le plus éminent, celui que la fortune la plus haute et la plus rare, ramenait dans sa patrie, fort d'expérience, de lumières, de patriotisme; celui qui, seul peut-être, pouvait seconder en véritable homme d'État, le généreux Pie IX, à peine au pouvoir est tombé, sous le poignard d'un assassin, fidèle aux convictions constitutionnelles de toute sa vie. La démagogie ne s'y est pas trompée : elle frappait, en lui, l'ennemi le plus redoutable de son œuvre d'anarchie, de despotisme et de destruction.

Fort de ses sentiments élevés, inébranlable dans sa foi, confiant en des principes qui ne pouvaient changer, car ils étaient pour lui la vérité politique de notre siècle, il a marché d'un pas ferme dans cette route qui le menait à une fin glorieuse. Citoyen d'une république ou conseiller des trônes, il réclama pour le faible et le puissant la même justice, il défendit le droit contre l'arbitraire, et la liberté contre ses propres excès. Sans flatter le pouvoir, dédaigneux de popularité, il accomplissait son œuvre. Ses amis seuls savent tout ce que cette belle intelligence renfermait de nobles projets, ce cœur de généreuses pensées. A d'autres yeux, l'ambassadeur, le premier ministre faisait oublier l'ouvrier à sa tâche persévérante; sa mort a révélé le martyr.

Les idées constitutionnelles, la science éprouvée, les doctrines fermes et saines que M. Rossi représentait, comme homme politique, jurisconsulte ou économiste, avec l'autorité de tant de savoir et d'expérience, perdent en lui un de leurs plus illustres défenseurs. Au milieu des nuages qui jettent encore une obscurité si profonde sur la mer orageuse que nous traversons, l'étoile voilée et jusqu'aux dernières lueurs d'un phare éteint doivent nous servir de guide; mais d'autres diront les grandes phases de la vie de M. Rossi; sur un théâtre plus modeste, je raconte une époque entourée de moins d'éclat, aussi intéressante par le travail, le combat, les efforts courageux, les intentions généreuses.

Cette vie appartient à l'histoire; remarquable surtout par la fixité et l'unité des principes, elle renferme pour notre temps les enseignements les plus utiles. Plus que jamais, nous avons à raffermir notre foi dans les destinées glorieuses de l'humanité si follement livrées aux hasards des révolutions, aux outrages du sophisme, aux attentats contre la liberté trop facilement reniée par nous quand le bras vengeur frappe les crimes couverts de son nom. Les grands exemples de confiance dans la volonté de Dieu et la raison de l'homme nous sont nécessaires, alors surtout que la modération éclairée et le courage civil sont appelés à reconsolider avec l'épée le monde politique et social si profondément ébranlé.

M. Rossi était un de ces nobles esprits dédaigneux des applaudissements faciles; l'originalité de sa nature méridionale n'était pas aisément comprise, et, il faut le dire, il aidait médiocrement aux interprétations bienveillantes. En France et dernièrement en Italie, il n'a été apprécié à sa haute valeur que par les hommes d'élite qui avaient le secret de sa pensée intime; il tenait moins aux paroles qu'aux actes, aux formes qu'aux résultats sérieux. Il est mort pour avoir bravé l'impopularité de ceux qu'il voulait sauver d'eux-mêmes et rendre libres malgré leurs instincts d'esclaves et de tyrans.

Genève est heureuse d'avoir contribué à former un tel homme, fière de retrouver dans la vie politique d'un de ses concitoyens adoptifs, les principes, les idées, les convictions qui lui donnèrent, pendant dix-sept années, quelque illustration et beaucoup de bonheur. Ce que Genève et la Suisse doivent à M. Rossi, on le reconnaîtra également; le rappeler est pour nous un devoir de justice et de reconnaissance.

I.

Né à Carrare, dans le duché de Modène, le 13 juillet 1787, au pied de ce rocher de marbre, couronné de fleurs, où le ciseau a taillé tant de chefs-d'œuvre, le jeune Rossi dut recevoir de ce poétique berceau certaines impressions artistiques et poétiques qu'il a toujours conservées. Élève du collége de Correggio et des universités de Pavie et de Bologne, docteur en droit dès l'âge de dix-neuf ans, il assouplit les diverses aptitudes de son esprit, non-seulement par l'étude des sciences morales et économiques, mais par celle encore des sciences exactes et des écoles philosophiques italiennes, allemandes et écossaises. Attaché au barreau de Bologne, ses débuts furent marqués par de brillants succès. Il gagna sa première cause contre celui de ses vieux et habiles professeurs, qui l'avait initié avec le plus de soins aux secrets de la plaidoirie; l'excellent homme, ravi, émerveillé d'un talent à la fois si précoce et si supérieur, se jeta tout en larmes dans les bras du jeune disciple qui venait de le battre si admirablement avec ses propres armes. Une cause criminelle, d'un grand retentissement, en sauvant de l'échafaud une jeune bouquetière de Bologne, lui valut alors le surnom populaire d'*Avocatino pallido*.

Peu après, en 1812, un agronome suisse distingué, M. le baron Crud, venait d'être appelé dans la Romagne par les soins d'une vaste exploitation agricole. Quelques difficultés exigèrent les conseils d'un jurisconsulte; la voix publique, dans M. Rossi, désignait le plus habile; d'intimes relations s'établirent. Au printemps de 1813, le jeune légiste, fatigué par de longs travaux, avait besoin de repos; on lui recommandait la distraction d'un voyage. M. Crud, qui revenait passer l'été au sein de sa famille, lui proposa de l'accompagner en Suisse, dans une charmante habitation qu'il possédait à Genthod sur les bords du lac de Genève. M. Rossi y demeura quelques mois et ne retourna qu'à la fin de l'automne en Italie où se préparaient les événements dans lesquels il devait être appelé à jouer un rôle.

Introduit, pendant son séjour à Genève, dans l'intimité de quelques familles, on avait remarqué la grâce et la finesse méridionale de son esprit, ses observations piquantes sur un monde nouveau pour lui, son originalité d'expression dans une langue qui était loin de lui être familière. Quelques personnes n'ont point oublié l'impression qu'elles reçurent du jeune étranger dont les traits délicats et le teint d'une pâleur maladive rappelaient, par leur caractère antique et la complexion italienne, ceux de Bonaparte au même âge.

C'est au commencement de l'année 1816 qu'il revint à Genève. Ces deux années, de 1813 à 1816, il venait de les passer au milieu des agitations politiques et sur la terre d'exil. Par ses talents distingués et la considération qu'il s'était acquise, il fut appelé, malgré sa jeunesse, à remplir les fonctions de commissaire civil pour les trois provinces incorporées au royaume de Naples, pendant l'échauffourée de Murat en 1815. On sait ce qu'il advint de cette malheureuse expédition ; les Napolitains, entrés à Bologne le 2 avril, abandonnaient cette ville le 14 mai. Que devint le jeune patriote, si vite réveillé au milieu de ce nouveau rêve d'indépendance italienne ? Le roi Joachim eut-il recours à ses lumières pour la rédaction de cette Constitution, donnée au milieu d'une déroute, concession tardive qui ne devait pas servir mieux celui qui l'accordait que ceux auxquels elle était octroyée ? M. Rossi, caché quelque temps à Naples après la rentrée des Bourbons, parvint à s'embarquer pour Marseille. Il avait à peine eu le temps de se montrer organisateur et administrateur que son éminente capacité était reconnue ; on lui sut gré surtout des efforts courageux qu'il opposa, dans l'intérêt libéral des provinces qui lui étaient confiées, aux prétentions arbitraires du roi de Naples. Sans regretter le joug uniforme de Napoléon, sans avoir trop compté sur l'unité éphémère de l'Italie, il put croire au maintien d'heureuses réformes, à l'établissement, dans la Péninsule, du gouvernement constitutionnel dont la France et d'autres États de l'Europe faisaient l'expérience depuis 1814. Trompé de nouveau, prévoyant un régime qui blesserait ses convictions et le joug imposé à toute liberté de pensée, il s'exila volontairement. Du reste, il parlait peu de ces événements, tristes alternatives d'espérances et de déceptions auxquelles il avait sacrifié et sa patrie et la brillante position qu'il s'était faite à Bologne.

De Marseille, le proscrit de ses convictions se rendit à Milan, où les autorités autrichiennes lui témoignèrent, par leur tolérance, l'estime qu'inspiraient son caractère et ses brillants antécédents. Il n'en était pas moins lié, dans cette ville, avec les hommes distingués, qui devaient, presque tous, expier plus tard, au Spielberg, des tentatives prématurées et auxquelles il ne cessa de donner des conseils de prudence. S'apercevant dans un salon, où l'on parlait fort librement, qu'une célèbre touriste anglaise y prenait des notes : « *Savez-vous ce que vous venez de faire?* dit-il aux assistants quand elle fut partie : *vous avez fait un livre!* » En effet, le livre parut à Londres et compromit plusieurs Milanais. C'est de Milan qu'il revint à Genève, comme je l'ai dit, au printemps de 1816, attiré par des relations déjà formées, l'esprit de liberté qu'on venait d'y recouvrer, les lumières qui ne s'y étaient jamais perdues, et peut-être aussi ramené par un sentiment plus tendre : l'espoir d'un mariage, arrêté en des jours plus heureux, et maintenant, nouvelle déception, dernier débris du passé emporté dans son naufrage.

Les années 1817 et 1818 furent pour M. Rossi une époque de recueillement et de retraite studieuse à la campagne, aux portes de la ville. Avant de prendre la plume pour parler de lui, j'ai visité cette demeure des premiers jours de son exil volontaire au milieu de nous; elle est de celles où rien ne change sous l'empire des mœurs patriarcales. J'ai vu les arbres dépouillés dans cette saison d'hiver, le jardin aux allées droites, les vieux buis, les charmilles et le potager aux plates-bandes maintenant sans fleurs. C'est une maison tranquille, un horizon borné et triste, en harmonie avec la situation du jeune Italien d'alors et les pensées qui m'y amenaient aujourd'hui. On y parle encore de sa douceur, de sa mélancolie, de son travail obstiné, des longues veilles, qui alarmaient pour sa santé, des affections qu'il avait su bientôt rendre vives et vigilantes. Il correspondait activement avec Bologne et d'anciens clients qui, ne pouvant se passer de lui, le consultaient sur leurs affaires; l'un d'eux arriva en poste, au milieu d'une froide nuit d'hiver, dans le seul but de causer quelques heures, et repartit aussitôt pour repasser les Alpes. Sensible aux soins délicats dont il fut entouré par cette honorable famille, dans ces jours malheureux, il n'en perdit jamais le souvenir au milieu de sa plus haute fortune.

On le voyait peu à Genève, où ses relations se bornèrent d'abord presque exclusivement au cercle intime d'une famille distinguée, intéressée dans l'exploitation agricole de M. Crud à Massa-Lombarda, la famille Calandrini, dont le chef venait d'être appelé aux premières charges de la République. On le voyait assez pour l'apprécier, le plaindre, et regretter de ne le pas voir davantage. Malheureux par le patriotisme, par la pauvreté, par le cœur, on savait qu'il se préparait à lutter courageusement contre l'avenir qui le menaçait. Au milieu de travaux plus sérieux, c'est alors qu'il entreprit cette belle traduction du Giaour de Byron qui parut depuis. L'éclat qui entourait le nom du poëte anglais, son séjour récent près de Genève, avaient-ils déterminé cette préférence pour ce début littéraire? Ou bien dans cette nature poétique, réveillée par les déceptions et le malheur, les regrets, le cœur brisé, étaient-ils pour quelque chose dans le choix de ce poëme dont la traduction, ou plutôt l'imitation libre, n'est le plus souvent qu'une inspiration nouvelle? Les vers sont pleins de grandeur et d'harmonie; la sombre amertume d'Harold s'y retrouve tout entière dans la langue du Dante et d'Alfiéri.

Peut-être, à cette époque, pensait-il se créer des ressources plus promptes et plus faciles par les lettres. Il était né poëte; c'est à ce titre surtout qu'il fut accueilli avec bienveillance par le bon et aimable Bonstetten. On le voyait là, aux *mardis* qui réunissaient toute la société intellectuelle genevoise et étrangère, pâle, triste, animé du seul feu de son regard, modestement dissimulé dans une embrasure de fenêtre, s'exprimant de préférence en italien, ne voulant pas, disait-il, briser les perles de la langue française avant de savoir les enfiler. Si l'essai d'*Il Giaouro,* si cette imitation byronienne fut autre chose qu'une distraction littéraire, un de ces moments de trouble fiévreux et poétique d'une jeune et puissante imagination, d'une âme ulcérée, forte et passionnée, il rentra bientôt dans la vie réelle avec toute l'énergie de sa volonté et de sa raison. Il comprit dans notre temps un rôle plus mâle que celui du poëte, un devoir plus pratique imposé à une intelligence comme la sienne. Il revint à ses études rempli d'une nouvelle ardeur. Quelques relations formées avec des jurisconsultes genevois fixèrent, probablement, ses irrésolutions. De ce moment, ses regards se portèrent sur un but déterminé, vers lequel il s'élança résolument en commençant à s'y préparer par une étude persévérante de la langue française.

M. Rossi avait laissé Genève en 1813 département impérial, il retrouvait une république indépendante et un canton suisse. La restauration de 1814 s'était faite sur ce petit coin de terre avec toute l'énergie d'un sentiment national violemment et longtemps comprimé. Genève n'était plus depuis longtemps la ville austère et intolérante de Calvin, mais ses mœurs n'en étaient pas restées moins profondément républicaines; elle avait donné son sang à l'Empire, sans rien réclamer de sa gloire. Maintenant, rendue à elle-même, elle était toute au bonheur de retrouver ses vieilles et chères traditions. En acceptant sa délivrance des mains de l'étranger, elle demeurait aussi ombrageuse dans sa nouvelle liberté qu'elle s'était montrée récalcitrante dans sa récente servitude. Le jeune Italien arrivait au plus fort de la réaction contre la France et les idées révolutionnaires; il pouvait croire que l'ombre qui s'était faite sur son pays et sur l'Europe à la disparition du météore impérial, ombre que d'autres appelaient liberté, le suivait partout. En effet, dans un pareil moment, le serviteur de Joachim Murat pouvait-il demander à Genève, autre chose que de lui ouvrir les portes de ce que madame de Staël appelait l'hôpital des blessés de tous les partis? Un catholique, premier exemple depuis la réformation, serait-il appelé à l'enseignement public sans frapper d'une sainte épouvante le vieux protestantisme? Ces difficultés, devant lesquelles reculaient les nouveaux amis de M. Rossi, il résolut de les vaincre en homme de cœur qui sent sa force; il comprit qu'il ne pouvait se faire accepter que par un appel direct à l'admiration générale, par une éclatante justification donnée à l'intérêt que lui portaient ses protecteurs.

Au mois de janvier 1819, les journaux annoncèrent un cours de jurisprudence appliquée au droit romain; ce cours, disait l'un d'eux, que nous devons à M. Rossi, ne manquera pas d'exciter un vif intérêt, donné par un compatriote de Filangieri et de Beccaria. Le succès fut complet. Voici dans quels termes une Revue périodique du temps en rendit compte: « Destiné dans l'origine à un petit nombre de per« sonnes, le cours de M. Rossi a attiré dans les der« niers temps une affluence considérable d'auditeurs « de toutes les classes. Nos dames mêmes, par leur « présence, ont donné un nouveau prix aux applau« dissements dont le professeur a été comblé. La « dernière séance a donné lieu de la part de l'ora« teur et des assistants à un échange spontané d'ex« pressions d'estime et de vœux bienveillants. »

Les amis du jeune étranger avaient saisi l'occasion

de le servir avec une bienveillante adresse. On engagea celui des membres du conseil d'État qui lui était le plus hostile, à assister à une leçon, caché dans la foule. Homme de savoir et d'esprit, alléché par la science, les vues nouvelles, le charme de l'éloquence, édifié surtout sur les excellentes doctrines, il revint à la leçon suivante, amena d'autres magistrats, et avant la fin du cours, le 3 avril 1819, le savant jurisconsulte était nommé professeur de droit romain à l'académie de Genève. Remplie avec distinction, jadis par les Burlamachi et depuis par d'autres notabilités savantes, cette chaire, vacante par un heureux hasard, était fort considérée; elle avait ouvert de tout temps le chemin de la haute magistrature et du gouvernement aux hommes les plus honorables.

Les noms de Calandrini et Burlamachi rappellent que M. Rossi n'était pas le premier Italien auquel Genève offrait un asile. Au vieux tronc de la république tous les pays de l'Europe avaient apporté leurs greffes pendant les guerres et les querelles religieuses des seizième et dix-septième siècles; chacun de nous est une protestation vivante, après plusieurs générations, de quelque attentat contre l'indépendance de la pensée. L'Allemagne à la suite de ses guerres de religion, l'Angleterre sous la reine Marie, la France avant, pendant et après la révocation de l'édit de Nantes, l'Italie lorsqu'elle redoutait des persécutions à la suite de ses velléités de réforme, toutes ces luttes ont donné à Genève ces hommes aux caractères fortement trempés qui venaient y renouveler la sève vigoureuse des convictions et de la science. Une émigration de familles italiennes distinguées, quelques-unes même illustres, avait apporté dans la république au dix-septième siècle, la haute civilisation, surtout, qui fleurissait en Italie à cette époque. Les fils des exilés pour la liberté de conscience, accueillaient à leur tour dans M. Rossi la victime d'une foi italienne libérale et généreuse.

Le cours de jurisprudence, malgré toute la gravité du sujet, laissait pressentir un talent d'une autre nature; les qualités brillantes que le professeur avait montrées, firent vivement désirer de l'entendre dans un nouveau cours, qui lui permettrait de leur donner un plus libre essor. Il se rendit à ces désirs et choisit l'histoire romaine, qui n'était jamais sortie à Genève des ornières de l'enseignement classique. En suivant les traces de Niebuhr et des Allemands, qui avaient puissamment contribué à déblayer, sous leur poussière fabuleuse, les fondements historiques du grand peuple politique de l'antiquité, il promenait comme eux, sur ces limbes obscurs, le flambeau de la science et de la critique. Mais en illuminant de vérité quelques parties du tableau, d'autres étaient laissées habilement dans l'ombre douteuse où la fable et le symbole se confondent dans une même poésie. En donnant la vie à la vérité, il ne tuait pas brutalement les beaux mensonges de notre enfance studieuse, de nos premiers et chers souvenirs. Tout s'y trouvait pour la science, rien n'était perdu pour la fiction, la poésie et les effets dramatiques. Le visage calme et tout à coup passionné du professeur, son regard profond, sa voix mordante, flexible à tous les tons du récit, de la dialectique, du tableau et du drame; les élans soudains de haute et mâle éloquence; le maintien ou la dignité, et un léger dédain, se mêlaient en nuances pleines de séductions et de charmes; la science cachée et toujours présente comme le tronc vigoureux sous les feuilles et les fleurs; les italianismes prémédités, sous prétexte d'ignorance, et jusqu'à l'accent qui donnait au français, dans sa lenteur calculée, une prosodie toute méridionale; tout cela, avec la jeunesse d'imagination et de cœur que M. Rossi avait alors, laissait une impression ineffaçable.

Aussi l'enthousiasme allait-il croissant, il était général. Les plus froids se contentaient d'y voir un peu d'engouement, sans contester le succès aussi mérité que légitime. La naturalisation ne se fit pas attendre; elle lui fut accordée en mars 1820, avec le droit gratuit de bourgeoisie dans la ville de Genève. Cinq mois après, il était élu député au conseil représentatif, à une grande majorité.

Enfin, cette même année, déjà si remplie pour lui, devait encore l'attacher à sa nouvelle patrie par un dernier lien. Le 1er mai, il avait épousé une jeune personne appartenant à une honorable famille genevoise, mariage qui, sans lui donner la richesse, lui assurait l'indépendance. C'était le complément d'une position qu'il ne devait qu'à lui-même, à l'estime accordée à son caractère et à son mérite supérieur.

Le gouvernement avait montré du courage dans cette occasion. Alors, l'installation d'un professeur catholique dans une chaire genevoise était une énormité certainement plus grande que l'apparition de membres romains sur les bancs du parlement d'Angleterre. Toutefois, il est juste de remarquer que l'adjonction des communes savoisiennes et françaises, cédées par les traités de Paris et de Turin, rendait cette innovation bientôt inévitable. A cette époque, aussi, après les guerres de l'Empire, les questions religieuses, longtemps submergées par les questions politiques, n'excitaient pas sur le continent l'intérêt qu'elles ont reconquis depuis. Ce qui n'empêcha pas les vieux Genevois de considérer la nomination du professeur italien, comme un funeste présage pour la République.

Mais en adoptant le savant étranger, les magistrats devenus ses amis n'avaient pas cédé seulement à un entraînement public; ils avaient senti la nécessité de retremper l'enseignement du droit à des sources plus vives. Sous le règne de Napoléon, les jeunes Genevois qui se vouaient au barreau, allaient étudier à Paris ou à Grenoble; il s'était formé peu de jeunes professeurs. Le cours de jurisprudence appliquée au droit romain avait vivement frappé les plus compétents. On comprendra cette impression, par ce jugement de M. le professeur Bellot, esprit ferme et droit, jurisconsulte éminent, autorité de toute valeur dans cette appréciation : « Cette ingénieuse comparaison — de « l'organisation judiciaire à la machine au repos, et de

« la procédure à la machine en mouvement — appar-« tient à M. Rossi. Il l'employa dans ce cours sur « l'ancien droit romain, si brillant d'imagination, si « riche de faits et de pensées, qu'il donna dans l'hiver « de 1819. Ce cours sera pour nous une époque. Nous « lui devons une impulsion vers une étude philoso-« phique du droit. C'est de lui que datera la restaura-« tion dans notre Académie de cette branche si im-« portante de l'enseignement public. L'amitié qui nous « unit m'interdira-t-elle l'expression de mes senti-« ments? » Ce témoignage a encore un mérite particulier; il venait d'un homme qui voyait un étranger lui enlever dans son pays la première place de législateur et de jurisconsulte. Modèle de vertus républicaines à jamais perdues, M. Bellot fut le plus grand et le plus loyal admirateur de ce rival, le plus éloquent, le plus enthousiaste promoteur de ses succès. C'est que dans ce noble cœur, tout se rapportait à l'amour pur et désintéressé de la patrie; c'est cette patrie encore qu'il aimait dans le nouveau venu qui lui apportait le bienfait de ses lumières et un nouvel éclat [1]. Ce jugement sur le premier cours de M. Rossi, caractérise aussi en même temps la nature du succès que

1. Je trouve, dans les souvenirs de M. le professeur Cherbuliez, insérés dans la Bibliothèque universelle de Genève, cette lettre de M. Rossi sur la mort de son ami : « Hélas! c'est une terrible nouvelle que vous « m'avez apprise. La lettre m'est tombée des mains. Je n'en croyais pas « mes yeux. C'est ainsi que tout s'évanouit, hommes, liaisons, projets. « C'en était un bien cher pour moi que celui d'une visite que je me pro-« posais de lui faire. Notre amitié était si intime et si vive! Pendant vingt « ans elle n'a pas été troublée d'un nuage. Nous en étions au point que « je lui parlais comme je me serais parlé tout haut à moi-même dans un « bois écarté. Je n'ai jamais connu un caractère plus noble et un com-

le professeur italien obtenait à Genève et laisse pressentir le rôle qu'il devait jouer dans les conseils du canton et plus tard dans la question du Pacte.

Il y avait pour nous dans la nature, l'esprit et le talent de notre nouveau compatriote, un attrait neuf et des qualités particulières. C'était dans l'air pur, sain, mais un peu froid de nos montagnes, comme un rayon pénétrant du soleil méridional. La République, comprimée sous le joug étranger, avait retrempé dans cette épreuve son esprit et ses qualités d'une autre époque, sans avoir acquis tout ce que la marche régulière du temps élargit et renouvelle chez une nation libre. M. Rossi apportait ces dons brillants que l'esprit calviniste avait jusque-là le moins appréciés, sur lesquels il avait élevé le moins de prétentions et qui semblaient les plus contraires à sa règle et à sa nature. L'enseignement du droit qui se faisait encore en latin, était tout scolastique; il y jeta l'intérêt de l'histoire, le germe vivifiant des idées politiques et philosophiques qui occupaient les esprits depuis plusieurs années. La seule éloquence connue à Genève était celle de la chaire, et les prédicateurs d'alors, à quelques exceptions près, sous l'influence rationaliste

« merce plus sûr. Je ne puis me faire à l'idée de ne plus le revoir. Ce « *jamais* brusquement jeté par la mort entre lui et moi, est une idée « funeste avec laquelle je ne puis me familiariser. Il était devenu une « partie habituelle de ma pensée : *Qu'en dira Bellot? J'en écrirai à « Bellot? Que fait Bellot maintenant?* était chez moi un monologue « intérieur de tous les jours, à chaque événement un peu saillant, à « chaque projet de quelque importance, au coin de mon feu avec ma « famille. Et tout à coup pour toute réponse un tombeau! Dieu, que « sommes-nous? » Paris, 1836.

du dernier siècle, n'y puisaient pas les élans d'une prédication bien chaleureuse; l'éloquence de M. Rossi, dans ses cours et au conseil, brillait de la passion et de tout le pittoresque de son imagination italienne. La voix noblement libérale du siècle, longtemps couverte par le tumulte des révolutions et le canon de la guerre, se faisait entendre dans cette parole étrangère : un grand succès a toujours les nécessités du moment pour complices, et le bonheur des circonstances pour le justifier.

Dans les affaires publiques, M. Rossi, au milieu de réorganisations nouvelles, apportait un coup d'œil plus neuf, plus élevé, plus indépendant; au centre d'intérêts contraires remis en présence, il jugeait avec le calme d'un esprit dégagé d'antécédents et de préventions. Sa merveilleuse faculté d'élucider toutes les questions, de les revêtir d'images saisissantes et d'en dégager brillamment l'inconnue, plaisait à des esprits généralement exacts qui ne trouvaient pas de reproches à faire à la rigueur mathématique du fond, derrière l'éclat de la forme. Ces principes politiques étaient d'ailleurs, comme on le verra, ceux des hommes sur lesquels il exerça la plus heureuse et la plus patriotique influence. En voilà assez pour expliquer le rôle important qu'il joua dans nos affaires cantonales et fédérales, de 1821 à 1833.

II.

Ici commence pour M. Rossi une phase intéressante de sa vie, la plus heureuse peut-être si le bonheur de l'homme supérieur se mesure moins aux dehors des positions brillantes qu'aux satisfactions d'une vie intellectuelle utilement et noblement remplie. Rassuré sur son avenir, entouré d'affections, d'encouragements et d'admirations, fixé au milieu d'un centre rare de lumières, il se trouvait admirablement placé pour jouir d'une existence belle et douce par l'estime générale, l'influence exercée, le calme nécessaire aux travaux qu'il méditait. C'était une position singulière que Genève lui avait faite et dont on trouverait difficilement un exemple ailleurs. Il y tenait la première place comme orateur, jurisconsulte, législateur, homme d'Etat, et personne ne songeait à lui disputer cette supériorité incontestée dans un pays qui n'avait cependant jamais compté autant d'hommes éminents qu'à cette époque. Tous partageaient plus ou moins alors, à l'égard de M. Rossi, le sentiment national de M. Bellot; l'exemple de ce compétiteur aux titres les plus réels, de celui qui avait le plus spécialement consacré sa vie aux mêmes travaux, cet exemple ne trouvait que de bienveillants imitateurs. Sur un petit théâtre où l'ambition sérieuse est sans but, ces abnégations sont, il est vrai, plus faciles. A cette époque, toute l'ambition de M. Rossi et de ses amis consistait à faire prévaloir les principes d'un sage libéralisme, et, comme dernier effort, à faire entrer au Conseil d'état les hommes de leur opinion qui se vouaient le plus particulièrement à la magistrature. M. Rossi, lui, n'avait aucune prétention de ce genre. La suprématie qu'il exerçait était de celles qui ne donnent ni pouvoir, ni argent, mais seulement une influence morale, honorable et honorée.

Il réussit aussi à captiver la bienveillance générale par le tact avec lequel il avait compris et apprécié le caractère national. Il ne s'était pas arrêté aux formes souvent peu agréables, aux lieux communs répandus au dehors sur Genève et les Genevois. Il avait été, sans s'égarer, droit aux bonnes et solides qualités, en homme fait pour les estimer à leur valeur; il apportait d'ailleurs avec lui dans sa forte nature, encore plus de l'esprit politique de l'ancienne Rome et de l'esprit constitutionnel de l'Angleterre, qu'il ne reçut ces mêmes principes de Genève et de son école historique.

Une fois bien établi dans ce petit monde politique, si bien réglé, au milieu de cet esprit d'ordre, de ces habitudes intellectuelles, de ces mœurs laborieuses, il y trouva toutes les forces morales qui se puisent sous un ciel pur et vivifiant; il fut alors complétement lui-même, dans la plénitude de ses moyens, l'essor de toutes ses grandes facultés. N'a-t-il jamais regretté ces belles années, au faîte de sa plus haute fortune? Je suis tenté de le croire. Il était trop un de nous, pour n'avoir pas eu quelques atteintes de ce mal du pays, qu'éveille le souvenir du foyer paisible, des douces intimités, des lacs et des montagnes de la patrie.

Pour un esprit comme le sien, la Suisse était encore une étude curieuse et instructive. Qu'importe l'étendue du champ d'instruction, à l'observateur qui sait étudier l'homme toujours le même et les institutions humaines toujours pleines des mêmes enseignements. La Confédération, avec ses vingt-deux républiques, de races, de langues, de mœurs, de constitutions différentes, où tout se retrouvait depuis l'esprit des patriciats militaires, les bourgeoisies commerçantes et les villes savantes, jusqu'aux démocraties industrielles et pastorales; cet abrégé de toutes les formes républicaines, ce vieux livre ouvert à ses vingt-deux chapitres, était certes pour un homme comme M. Rossi un sujet d'étude des plus instructifs. Nul doute que ces institutions représentatives, ou purement démocratiques, avec leurs nuances variées, que ce tableau d'une confédération dans tous ses éléments de vie, dans toutes ses conditions d'impuissance, n'aient confirmé, plus irrévocablement encore, les principes généraux qui de tout temps lui avaient servi de guide.

Genève, surtout, par d'heureuses circonstances, lui présentait une forme politique toute constitutionnelle, surtout dans ses discussions parlementaires. A cette époque, les lumières des deux Conseils auraient fait honneur aux plus grandes Assemblées. La paix européenne avait ramené dans leur patrie des hommes que les troubles de l'ancienne république tinrent longtemps éloignés; plusieurs avaient trouvé un refuge en Angleterre; d'autres nous étaient rendus par la France; quelques-uns s'étaient formés dans le pays à la rude école de l'asservissement et du malheur. Nommer MM. Dumont, l'ami de Mirabeau, le commentateur de Bentham, d'Ivernois, publiciste attaché à la cause de Pitt, de Sismondi, de Candolle, Pictet-Diodati, ancien membre du Corps législatif, Lullin de Châteauvieux, auteur des lettres sur l'Italie, et de Saint-James, Pictet de Rochemont, fondateur de la Bibliothèque britannique, agronome européen, ambassadeur de la confédération au congrès de Vienne, Pierre Prévost, de la Rive, Bellot, et d'autres moins connus, c'est rappeler plusieurs noms qui ont eu du retentissement hors de Genève. Ce petit pays, qui n'échappait pas à l'impulsion générale d'améliorations administratives et législatives dont une partie du continent était travaillée, avait, comme on le voit, plus de capacités et de talents à son service que d'espace à leur offrir pour les employer. Pouvait-on le regretter? Ces hommes, formés sur de plus grands théâtres, ne s'en souvenaient que pour apporter une sollicitude d'autant plus vive à ce qui intéressait le bonheur et la prospérité de leur patrie, à tous les moyens de la doter des fruits de leur expérience, à faire de Genève un petit pays modèle. Impuissants à élargir les frontières de la république, ils s'en dédommageaient dans le domaine, sans bornes, des améliorations administratives, législatives, judiciaires; ils élevaient les questions qui s'y prêtaient, à toute la hauteur de questions générales. Comme je l'ai dit, moins d'ambitions et de passions excitées permettaient le calme et la modération nécessaires. C'étaient, la raison, le savoir, l'expérience, à divers points de vue, auxquels M. Rossi vint apporter, à son tour, le tribut lumineux dont j'ai parlé.

Rien ne manquait à ces belles discussions dans le Conseil représentatif, pas même l'intérêt d'une lutte qui s'engageait, de plus en plus, entre les anciennes et les nouvelles idées. Aux magistrats qui, les premiers, en 1814, avaient fait preuve de patriotisme et de courage en proclamant la République sous le regard encore menaçant de Napoléon, devaient succéder bientôt des hommes plus jeunes de principes et d'idées, progressivement, sans secousses, par les voies les plus légales. Mais au moment où M. Rossi prit place dans le Conseil, l'opposition libérale luttait encore contre une majorité puissante. Le nouveau député, avec une réserve de bon goût comme étranger, et une mesure pleine de convenances vis-à-vis de ses protecteurs du Conseil d'État, sut se maintenir dans une position élevée, indépendante, conciliante, cherchant plutôt à éclairer les questions qu'à les résoudre dans la couleur d'un parti, sans toutefois faire jamais défaut à une idée juste, progressive et généreuse.

Le premier numéro des *Annales de Législation et de Jurisprudence* parut à cette époque; les collaborateurs de M. Rossi étaient MM. Dumont, de Sismondi, Bellot et Meynier. Le titre de cette publication fut bientôt modifié en celui d'*Annales de Jurisprudence et d'Économie politique;* le but était de raviver ce foyer de lumières que Genève avait maintenu au centre du continent, sous le régime impérial, par la *Bibliothèque britannique.* Alors, ce dernier recueil était paralysé à quelques égards; plus spécialement consacré aux sciences exactes, il tenait à conserver le libre accès des pays qu'effarouchait tout ce qui se liait à la politique et même à la législation. Les rédacteurs des *Annales,* forts de leurs intentions sagement libérales, crurent qu'entretenir le foyer lumineux, n'entraînait pas au danger d'en faire jaillir des flammes incendiaires; n'ayant pu parvenir à convaincre les cabinets de la Sainte-Alliance de leurs intentions modérées au moment où les troubles du midi de l'Europe semblaient accuser de connivence des hommes aussi connus pour leurs idées libérales; des notes impérieuses ayant été adressées au Vorort, ils ne voulurent ni donner des embarras à la Suisse et à Genève, ni faire le sacrifice de leurs convictions : les *Annales* cessèrent de paraître après quelques mois d'existence. Les débuts de cette publication firent regretter vivement sa destinée éphémère; elle se fit remarquer par des appréciations sur l'école historique en jurisprudence qui préoccupait l'Allemagne; cette première interprétation française attira l'attention de la France et du monde savant vers ce mouvement qui bientôt devait frayer une route nouvelle. M. Rossi, dans les *Annales*, esquissait déjà à quelles sources il entendait chercher les principes du droit de punir et à quelles règles devait être soumise l'application de ces principes. Ces premiers écrits, d'un français encore peu correct, renferment peut-être les traits les plus étincelants et l'inspiration la plus féconde qui soit sortie de sa plume.

Ce qu'on a connu depuis de M. Rossi en France, comme orateur à la Chambre des pairs et ailleurs, ne peut donner qu'une faible idée du talent et de l'éloquence qu'il montra à Genève, au Conseil représentatif, dans la fleur de sa jeunesse et de sa verve politique. On trouverait difficilement aussi l'exemple d'une assemblée législative se laissant imposer une faveur aussi marquée et soutenue. Et cependant, pour cette assemblée, les fascinations de la parole, les surprises de la passion, les entraînements de l'éloquence n'étaient pas possibles. Les auditeurs étaient formés à des mœurs politiques trop sérieuses et trop mûres, pour se laisser aller aux dangereuses séductions qui exposent la raison et la vérité à de constants dangers, dans les corps politiques trop impressionnables. Dans ce Conseil genevois, toute l'éloquence de l'antiquité et des temps modernes concentrée en un seul homme ne serait pas parvenue, je crois, à lui surprendre un vote et à l'entraîner à un enthousiasme irréfléchi ; il exigeait non moins rigoureusement l'autorité morale du caractère et des convictions.

Les projets de loi proposés par le Conseil d'État qui siégeait avec le Conseil représentatif, renvoyés aux commissions, étaient soumis à trois débats après plusieurs discussions, minutieuses, approfondies. L'habitude d'entendre, dès l'enfance, les longs discours de la chaire forme de bonne heure les Genevois à la gravité des travaux législatifs. Les marques d'impatience, les murmures, les interruptions, étant des scandales inconnus, les modestes, les timides et les médiocres prenaient la parole pour dire simplement des choses sensées et utiles. On parlait de sa place en se levant, et personne ne visait à l'effet pour les tribunes et les journaux, car le public n'était pas admis et les comptes-rendus se bornaient aux extraits du procès-verbal des séances. J'ai dit le rôle des hommes qui apportaient là tant de lumières; on sait maintenant quels auditeurs M. Rossi devait persuader, éclairer, et convaincre.

Qu'on se figure la discussion d'un projet de loi qui s'est prolongée épuisant tous les arguments pour et contre; l'assemblée a entendu les orateurs les plus distingués, ceux qui parlent avec le plus d'autorité; elle n'est guère avec tout cela beaucoup plus avancée; l'incertitude et le doute règnent encore dans les esprits; la clarté qu'ils poursuivaient s'est définitivement perdue dans les discussions, les propositions intempestives, et toutes ces confusions réunies. Dans ce moment, où les ressorts sont détendus sans que la fatigue ait encore trop gagné, M. Rossi demande la parole. Jusque là, nonchalamment assis, impassible en apparence, la main sur le front et les yeux, laissant le doute des assistants flotter entre une attitude méditative ou l'impérieux besoin de réparer l'insomnie de quelque veille laborieuse, ses amis seuls savent ou pressentent son point de vue sur la question. Un grand mouvement se fait dans la salle ; on rappelle les membres qui savouraient un moment de repos dans la chambre des conférences, on court chercher chez eux quelques absents, les couloirs se remplissent, chacun reprend son banc, excepté les vieillards et ceux dont l'ouïe est faible, auxquels on s'empresse de faire place autour et près de l'orateur.

Il s'est levé que le tumulte règne encore. Fidèle à un précepte qu'il disait tenir de son vieux professeur de Bologne, il commençait d'une voix si faible qu'il forçait bientôt au silence des auditeurs avides de l'entendre ; ces premiers mots, sans importance, étaient volontairement perdus. Le silence bien établi, il s'arrêtait un moment pour le rendre encore plus solennel ; alors, d'une voix plus élevée mais non moins lente, il posait quelques grands principes généraux. Son visage prenait la gravité sérieuse qu'il voulait faire passer dans l'âme des auditeurs et dans la discussion rajeunie. La question, affaissée, dénaturée par de longs débats, remontait bientôt à toute sa hauteur, ennoblie, épanouie par les sentiments élevés qui la rattachaient aux plus hautes considérations politiques, religieuses ou sociales. Avec la question grandissaient comme elle l'assemblée, les assistants, le pays lui-même ; au milieu de cet auditoire que les idées protestantes surtout préparaient à ces tendances réformatrices, l'orateur prenait son véritable caractère; il devenait un missionnaire de la sainte cause de l'humanité éclairée.

De ces hauteurs incontestées, où il s'était concilié tous les suffrages, il descendait insensiblement, par la pente des antécédents historiques toujours puisés aux sources originales, à l'application locale du projet. Il analysait avec une admirable lucidité toutes les dispositions de la loi proposée. Après le philosophe, venait le législateur, le jurisconsulte, l'homme politique, et toujours le citoyen. Son opinion formulée, il combattait noblement et largement l'opinion contraire; il opérait la dissection complète et savante des discours qu'il réfutait; puissant, surtout par le raisonnement, il était sobre d'images, mais celles qu'il employait étaient toujours remarquables par leur justesse, car leur but était moins d'orner le discours que de rendre la pensée vivante et saisissante à tous les yeux. Ses conclusions, souvent résumées à un point de vue complétement neuf, manquaient rarement leur effet sur le Conseil et ses votations ultérieures. Trop fort pour se servir d'armes vulgaires, jamais il ne descendait à des personnalités blessantes. Son ironie semblait ne s'adresser qu'aux choses, aux idées; son amertume et son dédain paraissaient ne flétrir que l'égoïsme, la sottise ou l'indifférence. Malheur, toutefois, à qui revenait à l'attaque, contre lui, avec des arguments sans valeur, des idées fausses, d'étroites arguties ou des insinuations peu bienveillantes. Après avoir fait la part, dans sa réplique, des réfutations sérieuses, il retrouvait le sarcasme et toute la verve étincelante de l'avocat de Bologne; reprenant un à un les petits contradicteurs sans les désigner autrement qu'en se tournant de leur côté, il achevait, comme par pitié, les blessés et les moribonds du champ de bataille; le dernier debout tombait, pour ne plus se relever, sous le coup de massue de quelque énormité qui lui était échappée.

Voilà ce que nous avons vu pendant plusieurs années. La première fois qu'il prit la parole dans le Conseil, il s'était trouvé en présence de Dumont qui appuyait un projet de loi d'assurance mutuelle obligatoire; la lutte fut digne des deux adversaires. C'était déjà entre ces deux esprits de natures si différentes le point de départ de divergences qui se sont manifestées plus tard sur divers sujets, et qui cependant n'altérèrent jamais leurs relations amicales. Les occasions où il ne fut pas en parfaite harmonie de principes et d'idées avec Bellot furent rares. Cet admirable ami s'effaçait souvent dans l'Assemblée pour lui laisser l'honneur du succès et la première place. Et cependant, celle qu'il y occupait était grande. Toujours le premier et le dernier à son poste, attentif à tous les discours, suivant toutes les phases de la discussion, quand l'anarchie des amendements et des propositions incidentes était à son comble, c'est vers lui, calme, infatigable, que se portaient tous les regards. Alors, ce moment venu, il se levait et par quelques paroles claires et brèves, chassait les nuages et rétablissait l'ordre, satisfait de ce rôle modeste quand il venait en aide au débat dont le dernier mot appartenait à son éloquent collègue.

On me pardonnera ces réminiscences d'un temps, hélas ! si loin de nous ; ces détails sur de tels hommes d'ailleurs ne manquent pas d'intérêt dans un moment où certains républicains se font une aussi étrange idée des mœurs républicaines. Après avoir montré la manière parlementaire de M. Rossi, je dois ajouter quelques mots sur l'esprit qui dirigeait généralement ses actes politiques ; c'était toujours la transaction des intérêts contraires dans une patriotique conciliation. Je citerai un seul exemple qui se rattache à une grande question religieuse et politique d'un intérêt général.

De 1821 à 1824, la législation relative au mariage avait subi plusieurs péripéties et soulevé les discussions les plus vives dans les Conseils ; cette question délicate n'avait pas moins passionné le public de la république calviniste devenue, depuis 1815, un canton mixte. En 1824, la législation demandait à être définitivement fixée ; d'un côté, la majorité du Conseil d'État, sous l'influence d'anciennes idées respectables, repoussait la loi française dans ses attributions exclusives du Code civil et proposait la sanction de la bénédiction ecclésiastique pour les deux cultes ; l'opposition, de son côté, voulait étendre les effets de la loi française à tout le canton, malgré les réserves du traité de Turin en faveur des communes savoisiennes réunies. C'était donc une affaire très-compliquée : le protestantisme et le catholicisme, les vieilles et les nouvelles idées en présence, les réserves du traité à maintenir, une intervention étrangère à écarter et le Vorort à satisfaire, déjà saisi des réclamations de la cour de Turin. M. Rossi, rapporteur de la commission, ne donna raison ni au Conseil d'État, ni à ses adversaires, il conclut à un projet de conciliation qui fut adopté : la loi française était conservée pour la majorité du canton, et les réserves du traité respectées pour les communes savoisiennes. Calvin dut à son étude des lois à Bourges, aux cours d'Alciat, d'avoir été législateur à Genève; M. Rossi dut à l'étude italienne du droit canon et des conciles, de s'y montrer théologien dans cette circonstance. Les rapports du spirituel et du temporel avaient été discutés par lui avec une grande élévation de vues.

Cet échec du Conseil d'État eut des conséquences importantes; c'était une de ces défaites qui dessinent une situation politique incertaine. Le parti modéré, dont M. Rossi devenait l'âme visible, l'emportait sur les extrêmes; c'était la défaite des idées de 1815, déterminant une modification dans le personnel du Conseil d'État. L'année 1825 fut la première du syndicat de M. Rigaud, dans lequel s'est personnifiée en quelque sorte la politique de modération et de progrès qui continua jusqu'en 1842 l'ère de paix, de prospérité et de liberté la plus longue et la plus grande dont ait joui la république.

De ce moment, la vie de M. Rossi devint aussi active que le comportait sa nature. Une santé délicate, le besoin d'air et de cette détente de l'esprit qui n'arrête pas le travail de la pensée, lui faisaient saisir toutes les occasions de se rendre à Genollier, petite propriété qu'il possédait au pied du Jura, dans le canton de Vaud. Comme tous les hommes complets, il aimait le calme et le recueillement de la campagne, surtout au milieu d'une magnifique nature; sa passion pour la chasse était encore un attrait puissant et un exercice nécessaire dans lequel il retrempait ses forces souvent épuisées. Mais ses devoirs le ramenaient bientôt à Genève et particulièrement, pendant une grande partie de l'année, ses cours à l'Académie, qui alternaient entre le droit romain, l'instruction criminelle et le droit pénal. Il portait dans l'enseignement toutes les qualités que nous lui connaissons; l'élévation de pensée, le caractère philosophique de ses doctrines, sa puissante argumentation, laissaient bien loin derrière lui l'enseignement méthodique ordinaire des écoles. Les principes sur le droit de punir qu'il devait publier plus tard se faisaient jour dans ses leçons sur le droit pénal et la procédure criminelle. Quand l'introduction du jury fut réclamée dans les Conseils, il donna un cours sur cette institution qui fit une grande sensation. Indépendamment de ces cours académiques, il en donnait de particuliers aux étudiants et aux nombreux étrangers qu'attiraient à Genève tant de ressources intellectuelles. Il traitait du droit diplomatique, de la législation hébraïque et d'autres branches spéciales de la jurisprudence. Des étrangers, hommes d'un âge mûr, suivaient ses leçons, et plusieurs ont marqué depuis dans la haute politique européenne. Il formait ainsi des législateurs, des hommes d'État, des diplomates, aux doctrines libérales, les plus saines et les plus élevées.

Parmi ces leçons, un premier cours d'économie politique eut un immense succès. Les principes de cet enseignement, donné en 1827, étaient ceux développés depuis; c'était encore le point de départ d'une de ses plus brillantes excursions dans le champ de la pensée. Ce cours, et quelques aperçus dans ses leçons à l'Académie, voilà tout ce qu'il nous a donné de cette science; ses travaux importants appartiennent à une autre époque de sa vie, dans laquelle ils occupent une place qui ne saurait être superficiellement appréciée.

Le traité sur le droit pénal est le seul ouvrage de quelque importance publié à Genève. Les occupations variées de l'auteur, ses devoirs politiques, sa santé, sa lenteur méditative, expliquent comment, avec l'espoir de plus de loisirs, il ne considérait ce traité que comme les prolégomènes d'un ouvrage plus étendu. Depuis 1829, une vie de plus en plus remplie par de grands événements, sa haute fortune politique et diplomatique et sa mort prématurée ne nous laissent que le portique de l'édifice sur lequel il désirait fonder surtout ses droits à l'estime future. Ici encore, c'est une porte ouverte sur un horizon nouveau, mais cette porte est celle de la prison du criminel. Son étude psychologique de la criminalité, sa doctrine du sens moral comme base philosophique du droit de punir, se rattachent à l'homogénéité, à l'unité de tendances qui distinguent si particulièrement cette belle intelligence. Là, comme partout, il apporte la vie qui lui est propre; la poussière des codes, le marbre des tables de la loi, reçoivent de sa main le rayon qui les anime. La justice qu'il évoque, sans avoir le front moins sévère, a le regard plus pénétrant et plus doux; elle tient d'une main aussi ferme des balances plus égales; d'un côté, le droit pénal lié à la conservation de l'ordre, de l'autre le développement libre des principes moraux des sociétés; le glaive n'opposant que le poids rigoureusement nécessaire aux sympathies chrétiennes, à l'indulgence pour les passions profondément étudiées dans l'homme inculte et jusqu'au fond de soi-même. Toujours le but constamment poursuivi : le développement graduel de l'humanité par la bienveillance, passé de la théorie dans la pratique; l'équilibre de la liberté et de la répression, Helvétius et Bentham tempérés de spiritualisme évangélique, l'éclectisme vigoureux des fortes natures, l'esprit de Dieu dans la conciliation.

On a vu ce que M. Rossi donna à Genève; quelques mots maintenant sur ce que Genève lui rendit. Il aimait à reconnaître ce qu'il devait à certaines amitiés genevoises et au séjour de dix-sept années dans un pays qui fut pour lui une heureuse transition entre l'Italie et la France. Dumont fut une de ses premières relations intimes; on comprend facilement l'influence du collaborateur de Bentham, dans le *Traité de la législation civile et pénale* et la *Théorie des peines et des récompenses*, sur le jeune Italien formé à l'école des

Filangieri, des Beccaria, des Galiani et des Verri. Et mieux encore, celle du publiciste qui avait donné au Conseil représentatif l'excellent règlement qu'il a publié à la suite de la *Tactique des assemblées parlementaires*. Il avait beaucoup à apprendre de ce professeur, aux idées si claires, si précises, d'école constitutionnelle anglaise, qui avait si admirablement élucidé les théories indigestes de Jérémie Bentham. Peut-être même dut-il à ce sincère promoteur de la *Philosophie de l'utilité*, l'étude plus approfondie qui devait amener dans son esprit la réaction que le *Traité du droit pénal* acheva de déterminer en France et en Angleterre. Chez Dumont, qui mourut sur ce point dans l'impénitence la plus endurcie, il fallut, certes, une haute estime et une tolérance bien réelle, pour que son amitié ne fût point altérée par de pareils dissentiments. — Dans Bellot, M. Rossi voyait réalisé un des plus beaux types de simplicité et de mœurs républicaines, de vertus chrétiennes et de grâce antique. Dans une position de fortune indépendante, sans autre ambition que le bien de son pays, paralysé de la moitié du corps, cet homme qu'on portait dans son fauteuil de travail tous les jours à quatre heures du matin, était un modèle rare d'énergie, de philosophie et de patriotisme. Sa belle tête, qui offrait la ressemblance la plus parfaite connue avec celle de l'empereur Napoléon, représentait les qualités nobles et vigoureuses de son âme. C'était une de ces intelligences, puissamment organisées pour le raisonnement, qui reçoivent moins le don de créer, qu'un impérieux besoin de lucidité, d'ordre, de vérité exacte et pratique. Un de ces hommes peut-être, trop réellement sensibles aux souffrances de leurs semblables, pour se laisser aller à cette contemplation rêveuse de soi-même, qui n'est souvent, sous le nom de poésie, qu'une des formes les plus insidieuses de l'égoïsme. L'imitateur du Giaour fut, à son début, lié avec ce modèle du sage moderne pour lequel il conserva ce sentiment qui tenait du culte; on retrouve ce qu'il dut apprendre de lui, dans celles des qualités qu'il tenait de ce beau caractère qui fut son premier maître et le plus influent.

M. de Sismondi devint aussi pour M. Rossi un excellent ami, un admirateur généreux et sincère; l'auteur des *Républiques italiennes* était presque un compatriote. Tout ce qui approchait ce cœur si chaud et si ardent pour le bien emportait quelque chose de sa chaleur généreuse. Les opinions, qui ont séparé et rapproché ces deux hommes, en suivant les phases de la science et de la politique, sont connues; ce que l'un put donner à l'autre est aussi facile à comprendre que les liens de leur mutuelle estime. Les salons de Genève aussi lui furent utiles; il y trouvait ce qu'il n'avait pu connaître en Italie : un reflet de la meilleure société française du dernier siècle et de celle plus moderne qui en avait conservé et amélioré les traditions.

Le séjour de madame de Staël à Coppet avait laissé dans le monde genevois des traces profondes de ce lumineux exil au travers duquel toute l'Europe intellectuelle avait passé. Des femmes d'un mérite supérieur et d'un esprit charmant, madame Necker de Saussure, proche parente de madame de Staël, madame Rilliet-Huber, sa plus intime amie, madame Marcet, Anglaise fixée à Genève, la maison de M. et de madame Eynard, et d'autres trop nombreuses pour les nommer, avaient continué à réunir les hommes dont j'ai parlé aux étrangers de distinction qui s'arrêtaient alors dans ce beau et heureux pays. Dans ces divers salons, l'esprit de conversation, le plus brillant et le plus piquant dans la forme, y devenait au besoin sérieux et grave. On n'y affectait aucune pédanterie; une retenue exempte de roideur n'était qu'un charme de plus qui n'ôtait rien à l'abandon et au naturel. Le bon goût, le mélange d'habitudes anglaises et françaises, la sûreté parfaite de cette société, en étaient un autre charme. On y portait le plus vif intérêt au mouvement intellectuel et scientifique du monde entier, intérêt purement spéculatif, né du désir des améliorations utiles, d'une sympathie sérieuse pour toutes les souffrances, d'un enthousiasme éclairé pour les belles et grandes choses. Des hommes qui avaient beaucoup vu, beaucoup observé, y apportaient les récits instructifs, les anecdotes piquantes. A ceux que j'ai nommés plus haut on peut ajouter, MM. Maurice, ancien préfet de l'Empire, Van Berchem, compagnon de jeunesse de Napoléon à l'armée des Alpes, et depuis attaché à l'impératrice Joséphine, le général Micheli, de Sellon, C. de Constant; Bonstetten, ce Bernois naïf comme un berger des Alpes et spirituel comme Boufflers; Hess, le traducteur de l'histoire universelle de Muller, l'auteur de la vie de son compatriote Zwingle, y représentaient la Suisse allemande. Le séjour de la famille de M. le duc de Broglie et de M. de Staël à Coppet, attirait encore dans ce château de tant de souvenirs, d'anciens et de nouveaux amis au nombre desquels était M. Rossi. Si la femme célèbre qui avait illustré cette demeure n'y était plus, son esprit s'y retrouvait encore entouré d'une double auréole de vertus.

De 1825 à 1829, la vie de M. Rossi, comme on l'a vu, avait été de plus en plus remplie. Ses amis étaient à la tête du gouvernement; les réformes se faisaient ou se préparaient avec moins d'entraves; il appuya toutes celles qui étaient réclamées par un esprit sagement et vraiment libéral. Avec MM. Girod et Bellot, il concourut à la réforme du système hypothécaire; avec MM. Dumont et Rigaud-Constant, il fit partie des commissions sur les droits réels, la réforme des lois criminelles; il était membre de la commission administrative des prisons chargée de la révision de la loi de 1825. Il plaida chaudement la cause du jury; il appuya les propositions d'abaissement du cens électoral, de la publicité des séances du conseil; ses cours publics et particuliers continuaient à enlever de 1827 à 1829 beaucoup de temps à ses vacances de Genollier; il terminait le *Traité de droit pénal* qui allait paraître à Paris. Quels pressentiments excitaient une activité, toujours un peu forcée, dans cette nature méridionale?

Dans nos montagnes, sous un ciel en apparence pur et sans nuages, quand un orage, que rien ne fait pressentir, se forme au-dessus des cimes de neige, la détonation lointaine du glacier, la chute de quelques fragments détachés des sommets, avertissent seuls les bergers des hautes vallées. Pendant l'année 1829, des grondements sourds, précurseurs de révolutions politiques, les gouvernements de deux cantons, Vaud et Tessin, qui tombaient fragments détachés des constitutions de 1815, étaient des avertissements auxquels la perspicacité de M. Rossi ne se méprit pas.

Par ses travaux accumulés, il avait hâte d'accomplir son œuvre, comme s'il pressentait, en se tournant du côté de la France, que de là viendrait l'ouragan, et que le flot du torrent soulevé, après l'avoir jeté au plus fort de l'ébranlement helvétique, le devait emporter bientôt sur des théâtres plus vastes et non moins agités.

III.

La révolution française de 1830 n'a pas suscité, comme on le croit généralement, les révolutions de la Suisse; elle a seulement hâté et décidé, en l'encourageant, un mouvement révolutionnaire inévitable. Dans plusieurs cantons, les organes du parti populaire représentaient les constitutions et le pacte de 1815 comme des contrats imposés par l'étranger qui n'avaient jamais été sanctionnés par le peuple; l'influence de ce dernier sur les affaires, disaient-ils, n'était pas assez grande ; les chefs-lieux étaient favorisés par des systèmes électoraux qui ramenaient en trop grand nombre dans le gouvernement les anciennes familles patriciennes. On reprochait au pacte de n'avoir pas donné à la haute diète le moyen de résoudre certaines questions importantes, de réserver à chaque canton une part égale dans la représentation nationale malgré l'inégalité de leur population, de remettre la direction des affaires fédérales, pendant l'intervalle des diètes, aux trois cantons-directeurs de Zurich, Berne et Lucerne, à l'exclusion de tous les autres, de n'avoir pas dégagé le commerce de ses entraves intérieures. Ces griefs, plus ou moins contenus pendant quinze années de paix, éclataient, comme autant de mines depuis longtemps chargées, par des explosions successives qui menaçaient la confédération d'un incendie général.

Voici quelle était la situation au mois de mars 1832, quand M. Rossi fut adjoint à la députation de Genève chargée de représenter le canton à la diète extraordinaire, réunie à Lucerne pour les affaires de Bâle. Douze cantons, et dans le nombre les trois directoires, avaient modifié leurs constitutions par des voies plus ou moins révolutionnaires; cinq cantons, qui protestaient contre l'esprit révolutionnaire de la diète, avaient réuni leurs députés à Sarnen, dans le canton d'Underwalden; par représailles, sept autres parmi les douze révolutionnés, formaient un concordat particulier : les premiers étaient Uri, Schwytz, Underwalden, Bâle et Neuchâtel ; les seconds, Zurich,

Berne, Lucerne, Soleure, Saint-Gall, Argovie et Thurgovie. L'esprit modéré, ou juste milieu, était représenté par Genève, Vaud, Fribourg, Glaris et Grisons; Tessin, Zug et Schaffouse n'avaient pas de ligne politique arrêtée. Valais penchait vers la ligue de Sarnen. Le canton-principauté prussienne de Neuchâtel luttait contre les républicains-radicaux de ses montagnes, Bâle contre ses communes rurales, Schwytz contre ses districts extérieurs. Enfin Appenzell, pour n'en oublier aucun, partagé en deux demi-cantons, votait d'un côté avec les sept concordataires de l'opinion la plus avancée et de l'autre avec les modérés. Qu'on ajoute à cela les appréhensions causées par l'état général de l'Europe, l'attitude menaçante des puissances du Nord vis-à-vis de la France et des idées révolutionnaires, les craintes d'une intervention étrangère armée, et l'on comprendra dans quelles circonstances la révision du pacte de 1815 était réclamée, les difficultés de s'entendre au milieu d'une pareille anarchie, et le peu de chances de réunir la majorité nécessaire, pour l'acceptation d'un pacte nouveau, entre des partis aussi profondément divisés.

La diète ordinaire de 1832 n'en admit pas moins résolument le principe de la révision dans la séance du 17 juillet. M. Rossi, nommé de nouveau second député à cette diète, fit partie de la commission de quinze membres chargée de préparer le projet de pacte. La majorité, qui décidait la révision, était poussée par les instances de plusieurs cantons; mais là encore, tout était confusion, les bases du nouvel acte fédéral, et les moyens de procéder à sa réforme que les uns abandonnaient à la compétence de la diète, tandis que d'autres réclamaient une constituante fédérale. Quant aux principes fondamentaux, c'étaient, en présence des cantons qui repoussaient toute espèce de modification, des prétentions plus ou moins unitaires que la constitution de 1798 et surtout l'acte de médiation de 1802 étaient bien loin de satisfaire. Les services rendus par le pacte de 1815, ses dispositions libérales pour une époque de réaction, la consécration de l'indépendance des sujets contre les réclamations d'anciens maîtres, l'égalité des droits, tout cela était oublié, calomnié, mis à néant par les novateurs.

Entre ces extrêmes, le *statu quo* immuable et l'unitarisme outré, le rôle de Genève et des cantons modérateurs était tout tracé ; ils ne pouvaient appuyer qu'une œuvre de transaction, telle seulement que les confédérations d'États les comportent; le principe générateur, vital, des vingt-deux républiques, la souveraineté cantonale ne pouvait être méconnue et violentée sans amener une guerre civile, dont 1798 justifiait les craintes confirmées, depuis, par 1847 et la guerre du Sonderbund.

Alors la voix modérée et conciliante de Genève devait exercer une influence d'autant plus grande que de tous il était certainement le moins intéressé à un changement favorable, surtout, aux grands cantons et à la suprématie allemande ; il pouvait même entrevoir la possibilité de tout y perdre, sans compensation sérieuse, au point de vue fédéral. Toutefois, les hommes les plus éclairés dans les deux Conseils appuyaient la révision par des motifs élevés de politique fédérale : d'un côté, la crainte d'une conflagration, si le parti déjà puissant des cantons révolutionnés l'emportait en diète, et, de l'autre, l'occasion de mettre en marche les cantons retardataires qui souvent entravaient les mesures progressives les plus utiles. C'était donc un rôle tout de patriotisme, de lumière, de conciliation, et M. Rossi était l'homme de ce rôle.

A Genève, on ne se le dissimulait pas, la majorité du Conseil et l'opinion publique étaient très-prononcées contre toute concentration du pouvoir fédéral ; c'était une question brûlante, grosse d'inimitiés et de ces rancunes, à bout portant, si dangereuses à soulever dans les petits pays. Des hommes moins délicats que les amis de M. Rossi, qui d'ailleurs se prononçaient eux-mêmes hautement, eussent fait de lui une sorte de bouc émissaire sacrifié à ces divisions inconciliables; ils le soutinrent et il se dévoua.

Sa première apparition, comme député adjoint à la diète du mois de mars, avait eu pour but, dans la prévision du pacte, de lui faire prendre connaissance d'un terrain pour lui aussi neuf que la nature d'hommes avec lesquels il allait bientôt traiter d'affaires importantes. Nos confédérés de la Suisse allemande sont d'une race énergique, rude, d'un caractère exceptionnel qui pour être compris exige une perspicacité à la fois sympathique et exercée. On trouve en eux de bonnes et robustes qualités puisées surtout au foyer domestique, un profond sentiment d'indépendance et de susceptibilité nationale, et, sous des dehors de simplicité et de bonhomie, plus de finesse et d'esprit délié que les Suisses français et surtout la diplomatie étrangère ne leur en supposent communément. C'est d'ailleurs, comme tout en Suisse, autant de physionomies variées que de cantons. Le patricien bernois protestant diffère du descendant des races militaires catholiques. Un Bâlois n'est pas un Zurichois, et ce dernier encore moins un homme de Schwytz. Mais un trait commun se retrouve, presque toujours à la pratique des affaires; l'habileté exercée dans les luttes et les intrigues cantonales. De savants jurisconsultes conservent leur tenue doctorale dans les affaires publiques; mais le juriste se retrouve trop souvent là où l'homme d'État serait surtout nécessaire. Les anciennes aristocraties militaires avaient une certaine intelligence, prise aux services étrangers, du monde européen, qui manque à leurs successeurs et que ne remplacent pas toujours l'irritabilité et la susceptibilité outrée là où la dignité et l'énergie calme du bon droit seraient seules nécessaires. Le député d'un canton radical, collègue facile dans les relations privées, se retranchera derrière ses instructions, pour échapper à toute influence conciliatrice, tandis que le représentant d'un petit canton, à la fois oligarchique et démocratique, cachera les secrètes raisons d'égoïsme cantonal derrière une rude et fière protestation de vieux patriotisme helvétique. Les mœurs sont aussi différentes des nôtres que les caractères; elles sont, il faut en convenir, infiniment plus démocratiques, plus rapprochées du peuple et de ses habitudes. Le salon n'existe que par exception et ne détourne pas les magistrats des réunions qui tiennent le milieu entre le club et l'auberge. Le règne de la table à thé est concentré dans quelques familles; le soir, les hommes se réunissent autour de la bouteille, sans excès, mais à la manière germanique traditionnelle. Dans les villes de Diète, chaque opinion politique a son auberge; c'est là que se préparent les affaires et, prises de leur bon côté, ces habitudes républicaines en valent bien d'autres. M. Rossi sut en comprendre les avantages; l'Italien qui avait appris le français de manière à l'écrire alors avec plus de pureté et de facilité, disait-il, que sa propre langue, dut apprendre l'allemand. Il parvint avec sa facilité ordinaire à tout entendre et à suivre les discussions; il comprit l'auberge en député que le salon n'a pas efféminé et sut y trouver des moyens d'influence. Où cet homme n'était-il pas à sa place, toujours l'homme des événements et des circonstances? Il était de ceux qui savent discourir sous le portique et boire, au besoin, avec les Thraces.

Avant sa première diète, au commencement de 1832, il avait donné à Genève un cours d'histoire de la Suisse. On y retrouva ses qualités connues et une connaissance approfondie des vingt-deux histoires de la Confédération. Il traça un tableau si sombre et si vrai des déchirements précurseurs de la chute de l'ancienne Suisse, il parla avec tant de conviction de la honte de recourir à l'étranger pour en obtenir la médiation que les partis se refusent entre eux, qu'il était difficile de n'y pas reconnaître l'intention de préparer les esprits aux nécessités du pacte. Au même moment, il prenait la direction d'un journal conservateur-libéral, le *Fédéral*, titre qui disait assez à quelle cause cette feuille s'était dévouée; il m'abandonna la rédaction des trois premiers articles d'exposition de principes. Ainsi, personne ne peut dire mieux que moi les sentiments élevés, patriotiques et généreux qui animaient celui qui prit si souvent toute la responsabilité de principes et d'idées identiques. La direction de cette feuille valait à M. Rossi 2,000 francs par an; il s'était imposé ce nouveau travail à la suite d'un événement malheureux; la perte presque entière de la fortune de sa femme. Les articles de politique intérieure et extérieure, étaient de sa main, comme depuis dans la chronique de la revue des *Deux-Mondes,* mais plus nerveux et du ton d'une polémique plus vive à l'attaque et à la défense.

La Commission du pacte convoquée à Lucerne le 29 octobre, il s'y rendit avec plus d'espérance que n'en concevaient ses amis; il avait pris en main la cause de la révision en champion de Genève, armé de toutes pièces et prêt à combattre en champ clos, sous le drapeau et la croix fédérale, vaillamment, habilement, tout ce qui se présenterait dans la lice; préventions, mauvais vouloirs, erreurs, timidités et félonies. Il avait fait de la révision son affaire;

c'était une œuvre politique, en quelque sorte européenne, un horizon à élargir qui plaisait à son imagination portée, par nature, aux grandes choses.

Il montra bientôt, dans les circonstances les plus difficiles, une activité, une ardeur même juvénile, qu'on ne lui connaissait pas, à ce degré du moins; il se sentait placé sur un théâtre plus élevé et plus en vue; il aspirait l'air des grandes affaires et s'y trouvait dans son élément naturel. Alors l'expédition contre Anvers semblait rendre la guerre européenne imminente; comment la Suisse, divisée par tant de factions, privée d'officiers expérimentés dans ce moment de désorganisation générale, maintiendrait-elle sa neutralité? La Diète, convoquée en même temps que la Commission, ne se réunit pas, disloquée qu'elle était par la ligue de Sarnen et le concordat des sept cantons. La Commission du pacte dut la remplacer auprès du Vorort chargé d'une responsabilité au-dessus de ses forces.

Je trouve dans les correspondances de M. Rossi avec plusieurs magistrats suisses et particulièrement dans les lettres intimes qu'il adressait alors à Genève, des détails pleins d'intérêt, des vues si justes, des portraits si admirablement pris sur nature, que je regrette la discrétion que m'imposent ces confidences dont je n'ai pas le droit de violer le secret, même sur une tombe. Je me bornerai à en transcrire l'esprit et quelques citations. On le voit à la fois, aux affaires de Bâle, à celles de Neuchâtel, aux travaux du pacte; il suit de l'œil, avec anxiété, toutes les démarches de la diplomatie étrangère restée à Berne; un moment, sur un propos de l'ambassadeur français, il regarde la guerre et l'intervention comme inévitables; alors, il pousse le Vorort à une attitude énergique; indigné de la froideur qu'il rencontre, son patriotisme l'emporte; il fait explosion dans ces lignes : *Quel gouvernement que ce Vorort,* dit-il, *cela brise le cœur! Si la guerre éclatait en Europe dans ce moment, la Suisse serait perdue. Il lui faut une année devant elle pour se réorganiser; eh bien! ils ne sentent pas cela! Ne serait-il pas déplorable que la Confédération n'eût pas le temps de se reconstituer sur des bases solides? Dans l'état où elle est, en présence d'événements sérieux, elle est perdue. Que faire avec un Directoire qui n'ose ni convoquer résolument la Diète, ni rien prendre sur lui. Ah! mon ami, c'est une barque qui fait eau de tous côtés; que Dieu la sauve du naufrage!* Il écrit à Genève d'heure en heure, malade, souffrant, rien ne l'arrête; sa plume trace à peine des caractères lisibles : *Pouvez-vous me lire,* dit-il, *mes yeux sont malades, je suis dans un triste état de santé, cela ira mieux, n'inquiétez personne et n'en parlons plus.* Les affaires bâloises allant droit à une guerre sanglante entre la ville et la campagne, il passe une nuit à écrire un projet de conciliation, qu'il porte au petit jour au président du Vorort assez étonné de cette visite matinale; de là, il court chez ses collègues; rien ne réussit, il se désole. Hélas! le président et ses collègues, sans avoir peut-être moins de patriotisme, en avaient tant vu de ces projets, de ces conciliations impossibles, de ces référendum, de ces impuissances, qu'ils étaient un peu blasés et prenaient moins vivement les choses. Il se jette alors sur une autre affaire; le député de Neuchâtel, qui lui inspirait une grande estime, se disposant à quitter Lucerne et la commission, pour se rendre à Sarnen, M. Rossi épuise tous les arguments, toutes les séductions pour le retenir; pas plus de succès là qu'ailleurs; triste, amer, découragé, il verse et décharge tout cela à pleins bords dans une lettre intime. Enfin, il reprend un courage désespéré, à mesure que les complications grandissent; il croit encore, même à son pacte, au milieu des chances de guerre civile et étrangère. Le Vorort, qu'il pousse vainement à appeler des états-majors, à préparer des moyens de défense sérieux, le Vorort se décide enfin à convoquer une Diète prolongée à Zurich, nouveau Directoire, après le 1er janvier. En annonçant cette décision à Genève, *Je ferai*, dit-il, *le sacrifice de toutes mes convenances pour rester à la Diète. Donnez-moi un conseil! dois-je donner ma démission? Vous savez le triste état de mes affaires personnelles et les nécessités qui me pressent. Je parle toujours dans l'hypothèse de la paix. S'il y avait guerre générale, c'est une autre affaire, dussé-je mendier, je resterai à mon poste!*

Qui a vu M. Rossi grave jusqu'à la froideur, calme jusqu'à laisser supposer l'indifférence et le stoïcisme d'un cœur usé; ceux qui l'accusèrent alors de paresse et d'indolence, ne se doutaient certes pas des réserves d'ardeur et d'action renfermées dans cette nature italienne. J'ai pris mes citations dans ce côté imprévu et plus neuf de l'homme politique, persuadé qu'il est resté le même jusqu'à son dernier jour, que sous l'impassibilité ou l'ironie du visage, le même cœur battait encore plus chaudement pour l'Italie que pour la Suisse, devant le poignard de l'ignoble Brutus de Rome.

Nommé rapporteur par la Commission, il hâte l'impression de son rapport et du nouveau projet qui fut envoyé à l'examen des cantons, d'où il revint criblé d'amendements, à la Diète de Zurich. Dans les délibérations sur le nouvel acte fédéral, il n'y eut ni refus ni acceptation de la part des cantons, qui prirent en général le référendum; Genève garda le protocole ouvert. Chaque canton étant appelé à se prononcer sur l'acceptation ou le refus d'après les formes de sa constitution, la Suisse n'ayant à cet égard aucune loi générale, le projet subit encore diverses phases cantonales d'approbations et de rejet sous conditions. Le rejet du peuple de Lucerne et les événements de l'été 1833, où le sang coula dans la guerre civile, mirent fin à toute chance de réussite et de révision.

Ce n'est pas la place ici d'analyser ce projet qui conserva le nom de Pacte-Rossi, ni de rechercher ce qui lui appartenait en propre dans cette œuvre malheureuse dont l'issue n'étonna personne. Des illusions, naturelles chez un étranger, n'avaient pas été partagées par les Suisses, qui connaissaient mieux la ténacité des résistances à vaincre. Les cantons, qui l'avaient appuyée, s'étaient laissés aller à un bon mouvement de conciliation; mais ceux-là même ne lui épargnèrent pas les chicanes et les mutilations sur les questions secondaires de douanes, monnaies, postes, et autres de cette nature. Il faut dire aussi que des considérations d'un ordre plus élevé méritaient bien quelque attention : c'était, disait-on, le premier pas vers l'inconnu ; toutes les confédérations d'États indépendants, lancées dans cette voie, sont arrivées à cette nécessité implacable, se centraliser ou périr. Cette loi a livré la confédération grecque aux mains de Philippe, elle a forcé les Provinces-Unies à chercher leur salut dans le rétablissement du stadhoudérat et ensuite dans la monarchie. Le gros bon sens était pour le statu-quo, l'utopie pour l'unitarisme extrême; le Pacte-Rossi n'avait pour lui que les hommes les plus éclairés, entraînés moins par conviction que par bon vouloir pour une tentative transitoire et conciliante.

Le rapport était un travail remarquable ; il expose admirablement la question, les besoins de la Suisse, ce qui distingue une confédération d'États d'une république fédérative. Il est terminé par un appel plein d'âme et de cœur à tous les sentiments patriotiques; aux novateurs impatients, il montre les dangers de leurs précipitations; aux cantons de la ligue de Sarnen, il parle au nom de Nicolas de Flue, ce pacificateur, ce modéré d'un autre siècle, dont l'image vénérée orne les places et les temples de cette même vallée de Sarnen où sa voix n'est plus écoutée. *Enfin*, dit-il, *voulez-vous que l'étranger, en jetant sur nous un regard dédaigneux, s'écrie : Les Suisses, les uns vieux et incorrigibles, les autres enfants indisciplinés, ils peuvent tout bouleverser, ils sont impuissants à réédifier :* 1803 *et* 1815 *nous l'attestent,* 1833 *nous le confirme ; que Dieu, que la patrie, que l'honneur national, vous inspirent!*

Chacun peut juger aujourd'hui ce que ces avertissements avaient de fondé. Il a fallu de longues luttes et enfin une guerre civile, telle que celle du Sonderbund, pour faire avancer *les incorrigibles*; *les enfants indisciplinés* n'ont pas réalisé leur utopie. Le vieux moule est brisé avec tout ce qu'il renfermait d'excellent; le nouveau est encore à faire avec ses vertus nouvelles. L'idée vraie des réformateurs modérés de 1833 seule s'est réalisée; la nécessité d'un lien plus fort pour concilier les besoins nouveaux et tenir tête aux orages du siècle. L'acceptation du Pacte-Rossi aurait-elle conjuré les tempêtes qui se sont succédé depuis 1833 ? j'en doute! Les peuples n'en sont pas encore arrivés à transiger autrement que par l'épée. Mais une œuvre de conciliation et de pacification n'en est pas moins toujours belle; les efforts de M. Rossi, malgré leur peu de succès, n'en méritent pas moins la reconnaissance de tous les Suisses éclairés, amis de leur pays.

Envoyé à Paris, avec une mission particulière du vorort de Zurich, relative aux Polonais résidant dans le département du Doubs, qui étaient venus, au nombre de quatre ou cinq cents, dans le canton de Berne, il trouva M. le duc de Broglie, ministre des affaires étrangères; c'est dans ce voyage que lui furent faites, avec plus d'instances, les offres qui bientôt devaient le fixer en France. Il donna, au retour, ses démissions de député et de professeur; elles furent le sujet d'unanimes regrets dans le Conseil, exprimés par M. le premier syndic Rigaud avec toute la chaleur de l'ami et du citoyen. Le titre de professeur émérite lui fut conservé à l'académie de Genève.

Ce départ, ce nouveau changement de patrie, ont donné lieu à des interprétations si peu exactes, à des jugements si éloignés de la vérité, que je saisis avec empressement cette occasion de répéter ce que savent tous les amis genevois de M. Rossi. Comme je l'ai dit, il ne lui restait de sa fortune qu'une propriété d'agrément, presque sans valeur productive, dans le canton de Vaud, cette habitation de Genollier dont j'ai parlé plus haut. Il était père de famille; les ressources précaires qu'il trouvait à Genève ne s'élevaient pas à 5,000 francs. La triste issue du pacte avait amené pour lui ses dégoûts et ses amertumes; l'homme supérieur fut méconnu par l'honnêteté peu éclairée, calomnié par la médiocrité triomphante; l'homme modéré, le conciliateur, était accusé par la sottise, l'ignorance, les plus violentes et les plus fausses exagérations. L'horizon des grandes affaires, pour lesquelles il était fait, s'ouvrait devant lui; il y était convié par des voix amies; pouvait-il hésiter?

Il hésita cependant. Dans une lettre adressée à un membre du sénat académique, il laissait entendre que 5,000 francs de revenu assuré, avec la faculté de l'augmenter par son travail, serait toute son ambition, et qu'il renoncerait à ses projets en France. Le 1er septembre, il écrit à l'honorable conseiller d'État qui le remplaçait à la diète de Zurich : *Si les circonstances de ma famille m'ont contraint à prendre un parti qui m'éloigne de Genève, ils me connaissent bien mal ceux qui voient dans cela autre chose que le dévouement d'un père à ses enfants. Mais vous, Monsieur, et les hommes équitables me rendent justice, cela me suffit; c'est l'estime de ceux que j'estime, l'amitié de ceux que j'aime, qui me sont précieuses.*

Il m'exprima les mêmes regrets à Genollier, dans cette retraite où il rêvait le repos et les loisirs de l'étude, où il avait toujours espéré terminer ses grands travaux de jurisprudence. « On me croit ambitieux, me dit-il, eh bien, je vous le jure — il montrait sa maison, les grandes Alpes, leurs cimes de neige, le lac dans le lointain, les pentes brisées du Jura près de nous, — je vous assure que cela et du pain pour mes enfants, et je ne fais pas un pas de plus, je termine ici ma vie. »

Peu après il partit; il voyait l'avenir de la Suisse sous l'aspect le plus sombre, et des symptômes qui ne lui échappaient pas lui montraient celui de Genève sous les mêmes couleurs. Dans l'hiver de 1833, entre la diète extraordinaire et celle ouverte à Zurich le 11 mars, il donna un cours d'histoire moderne jusqu'au partage de la Pologne. Il était difficile de n'y pas saisir une allusion à nos divisions et aux dangers qui menaçaient alors la Suisse. Ses dernières lignes dans le *Fédéral* semblent écrites sous une impression semblable. Il regrette de ne plus trouver dans les jeunes gens les vertus énergiques de leurs pères; il craint les effets de la vie trop douce, trop facile, sur les mœurs publiques. Le matérialisme, l'indifférence, l'affaissement, l'estime pour les travaux de l'esprit paralysée par le bien-être, tout cela l'effrayait pour Genève intellectuelle et savante. — Cette sollicitude, à la veille de nous quitter pour toujours, était d'un ami sincère; ce n'était pas la flèche lancée en fuyant; mais le trait jeté par-dessus la muraille, par une main bienveillante, après y avoir attaché l'avertissement salutaire.

IV.

L'influence que M. Rossi a exercée sur Genève est incontestable; ses traces y sont demeurées profondes. Il a puissamment contribué à redonner à la petite république intellectuelle et savante l'élan qui la maintint encore quelques années sur le bord de cet abîme où toutes les traditions du passé semblent s'engloutir sous nos yeux. Sans doute que son œuvre était accomplie, de même que celle qui l'appelait en France était terminée quand il quitta ce pays avant un cataclysme, pour commencer la régénération romaine qui s'accomplira sans lui. Cette révolution glisse, déjà éperdue, sur la marche sanglante où il fut frappé, au seuil d'un parlement impassible.

Les hommes comme M. Rossi ne sauraient être mesurés avec le compas ordinaire; l'ombre que leurs défauts jettent sur leurs qualités, n'empêche pas ces dernières de briller de tout leur éclat, quand on a reconnu leur valeur dans une vie constamment utile et consacrée à la poursuite persévérante du vrai, du juste, de tous les grands et nobles intérêts de l'humanité. A Genève, il avait tout sondé, tout vu, tout prévu ; il s'est brisé en Suisse contre l'impossible. Il a rempli de sa pensée toute la sphère à sa portée; nous avons tous conservé quelque chose de lui. S'il n'a pas produit davantage chez nous, s'il a laissé ses travaux à la forme de prolégomènes, d'ébauches, de reconnaissances sur le terrain d'idées amies ou ennemies, il faut en accuser surtout les circonstances, sa position redevenue précaire, incertaine, l'espoir de meilleurs jours à consacrer au travail, l'inquiétude vague de l'homme fait pour les grandes affaires condamné aux petites; peut-être aussi les facultés créatrices étaient-elles moins dans sa nature que l'action pratique et spontanée sur les choses et les hommes. Il avait la timidité des esprits profonds et étendus qui hésitent, pèsent, mesurent, avec une lenteur réfléchie, et se méfient de leurs élans novateurs. -- *Mes enfants diront que leur père était un grand fou*, disait-il, *s'ils me jugent sur toutes les ébauches, les projets, les plans d'ouvrages qu'ils trouveront après moi*; *on n'est créateur que dans la jeunesse*; *je réserve tout cela pour les travaux de mes vieux jours.* — En effet, c'est l'esprit créateur qui semble faire défaut dans ce qu'il nous laisse; mais quel art d'agencement et d'analyse;

que d'ingénieuses et habiles combinaisons pour redonner une forme nouvelle, élucider, appliquer les principes qu'il met en lumière. Quelle souplesse à descendre ou monter pour trouver les points de jonction favorables, éviter les contacts dangereux. Il était surtout le diplomate par excellence; habile à tout saisir, à tout comprendre, avec le tact le plus fin, il parlait à chacun la langue sympathique de ses croyances intimes; sous le charme de sa parole et la pénétration de ses sentiments, il vous amenait insensiblement à son point de vue, où vous pouviez croire arriver de vous-même par votre libre et haute raison, indépendante de toute action étrangère. A Lucerne, où il avait affaire à des hommes prévenus, à de profonds dissentiments, il avait convaincu la plupart de ceux qu'il avait séduits, et séduit tous ceux qu'il n'avait pas convaincus.

Mais cette perspicacité avait ses revers; indulgent pour les honnêtetés modestes, utiles, laborieuses, il était sans pitié pour les sots au fond desquels son œil d'aigle ne découvrait qu'égoïsme, vanité ou sécheresse de cœur; son regard les transperçait comme une lame d'épée. Au reste, d'une amabilité pleine de sourires dans ses moments d'abandon, patient, facile à distraire par les plaisirs simples, la campagne, la chasse surtout, tenaient une place importante dans sa vie. Il portait en toutes choses l'esprit observateur qui retrouve partout la main de l'ordonnateur invisible; il se passionnait pour les traits d'intelligence de son chien; et ce n'était pas cet animal qu'il appelait une bête avec un accent qui n'appartenait qu'à lui. En voilà assez pour expliquer bien des jugements sévères, malveillants, de nombreux ennemis semés sur sa route. Le fait est que tous ceux avec lesquels il s'est ouvert de cœur et d'âme, l'ont aimé; nommer ses amis genevois serait le plus bel éloge que je pourrais faire de lui-même.

Personne n'a porté plus haut le culte du savoir, et cela sans aucune pédanterie : *le monde*, disait-il, *est à ceux qui savent.* Hélas! on a pu dire depuis qu'il appartient à ceux qui osent. Comme beaucoup d'entre nous il s'est trompé sur l'avenir par trop de confiance dans le bien, la vérité, les lumières, la sagesse humaine. Sa politique était surtout celle de l'expérience, du droit et de la raison; il croyait la société, comme l'homme, une chose complexe; il se méfiait de cette logique politique qui, de conséquences en conséquences extrêmes, ne manque jamais de conduire à l'unité rationnelle du despotisme. Quel gouvernement n'est pas une fiction? Les constitutions et les lois, exactement mesurées au développement intellectuel et moral des peuples, seules seraient logiques et conséquentes. M. Rossi voulait des pouvoirs forts, et avant tout au-dessus de tout, des sommités éclairées, la liberté réelle, le droit de parvenir honorablement pour tous. Il cherchait, large et belle, une vallée où l'on pût descendre de tous les sommets et monter de toutes les plaines.

Le cosmopolitisme de M. Rossi a cela de particulier qu'il montre combien les vrais principes fondamentaux des sociétés sont aujourd'hui les mêmes sous diverses formes de gouvernements. Dans la Suisse républicaine, la France monarchique, Rome papale, il reste le même et tient le même langage; il élève partout, au-dessus des partis et de leurs passions, l'idée juste, libérale, applicable surtout. Sa mort est une perte universelle; il était l'homme par excellence d'une ère troublée et menaçante. Il serait aujourd'hui un des plus énergiques défenseurs de l'ordre sous un seul drapeau; celui des hommes d'élite de tous les partis conservateurs. Il serait un des plus sages reconstructeurs de cette société européenne bouleversée qui ne se raffermira que sur les bases religieuses, morales et politiques de l'autorité constitutionnelle.

Il y aurait exagération à dire que le but secret de sa vie a toujours été à la résurrection politique de l'Italie. Mais que son pays natal n'ait jamais cessé d'occuper vivement sa pensée, cela est hors de doute et j'en trouve la preuve dans mes nombreux souvenirs. La liberté et l'indépendance italienne étaient son rêve; mais il connaissait trop l'Italie pour se faire aucune illusion sur les difficultés qu'elle-même opposerait à sa régénération politique; l'éternelle ennemie de toute liberté et de toute civilisation, l'implacable démagogie, vient encore de justifier cruellement ses prévisions. Conséquent avec ses antécédents, il avait embrassé plein d'ardeur la cause des réformes tentées par l'illustre Pie IX; à Rome, il abordait la grande œuvre de notre siècle : la conciliation du pouvoir temporel et du pouvoir spirituel, du catholicisme et des idées constitutionnelles, de l'autorité et de l'esprit d'examen. On ne pouvait mourir pour une plus belle cause.

Cette cause triomphera, peu importe sous quel nom : monarchie libérale ou république modérée; elle triomphera, ou le despotisme, sombre et dernier asile conservateur, régnera seul sur des ruines. Alors, les peuples revenus à la justice, par l'expérience et le malheur, porteront des respects et des palmes aux tombes de ces hommes morts pour leurs convictions, leur foi, leur dévouement à l'humanité, élevée par eux à la hauteur des desseins de la Providence.

Ils honoreront la mémoire de ces bienfaiteurs méconnus qui ne désespérèrent pas de la civilisation outragée, qui voulurent le progrès sans jamais le compromettre dans les hasards des révolutions, qui furent rarement écoutés, défenseurs du droit et de l'équité pour tous, au milieu des ambitions de quelques-uns, et des passions égoïstes ou insensées.

Dieu veuille que cette réhabilitation qui leur est due ne se fasse pas trop attendre, aux portes de ce Bas-Empire dont les arènes politiques sont déjà rougies du sang de trop de martyrs!

www.ingramcontent.com/pod-product-compliance
Lightning Source LLC
LaVergne TN
LVHW010037230826
846091LV00005B/1749